AF246264

ADRESSE

D'UN CANDIDAT

A

MM. LES ÉLECTEURS

DE TOUTE LA FRANCE.

> Oui, la révolution fut un combat,
> mais entrepris, comme tous les combats
> possibles, dans la vue d'une bonne paix.
> *Revue de Paris*, n° 108, Mai 1831.

PARIS,

ALEXANDRE MESNIER, LIBRAIRE,

PLACE DE LA BOURSE.

1831.

ADRESSE
D'UN CANDIDAT

A

MM. LES ÉLECTEURS

DE TOUTE LA FRANCE.

Messieurs les Électeurs;

Nul n'est prophète en son pays, dit un vieux proverbe, et certes jamais proverbe plus faux, au moins dans mon pays à moi, où, pour deux députés à nommer, nous pouvons déjà choisir, dit-on, sur trente-deux candidats. A dire vrai, tout glorieux que je suis d'être d'un pays qui peut fournir tant de capacités au pays général, il faut bien avouer que j'en suis un peu désappointé; car, n'ayant pas moins que mes trente-deux concurrens le désir d'être membre de cette chambre appelée à poser les dernières pierres aux fondemens de la constitution de l'État, et pas moins qu'eux non plus la confiance de mon aptitude à remplir cet important mandat, comment oser me mettre sur les rangs, moi trente-troisième?

Tardè venientibus ossa,

dit un autre vieux proverbe latin; et de celui-là je puis, par plus d'une fâcheuse expérience, en garantir la justesse. Je m'adresse donc à vous, Messieurs les Électeurs, de tous les pays de France ; s'il est quelque arrondissement assez peu favorisé du ciel pour n'avoir point d'hommes capables de le représenter, ou se croyant tels, qu'il me permette de m'inscrire le premier sur la liste, et veuille bien m'en donner acte, afin que je puisse au besoin faire preuve que je ne suis pas venu tard.

Après quoi, comme je sens très-bien que je dois justifier mes prétentions à vos suffrages, souffrez que je vous fasse ma profession de foi politique.

Or, pour y procéder avec méthode, je crois nécessaire de mettre sous vos yeux, et en regard l'une de l'autre, les deux opinions principales qui divisent la France, je veux dire l'opinion du mouvement et celle de la résistance ; et je ne dissimulerai pas vers quel côté je penche, afin qu'on ne m'accuse pas d'avoir cherché à surprendre vos suffrages.

Dans cette division, je ne suis pas sans éprouver quelque embarras ; car, si, d'un côté, je trouve un parti compacte et unanime, qui n'a d'autre pensée, d'autre ambition, d'autre but, que l'exécution de la Charte de 1830 et l'affermissement sur le trône de la dynastie d'Orléans, de l'autre, il y a si peu d'unité, qu'en prenant les divers journaux de ce parti pour ses organes, depuis le plus modéré d'entre eux (et disons aujourd'hui le *Constitutionnel*, sans rien garantir pour demain) jusqu'aux plus exagérés ou aux plus radicaux (la *Révolution* ou le *Globe*), on y trouverait autant d'opinions que d'organes, opinions qui portent le germe de subdivisions nouvelles, lesquelles ne manqueront pas d'éclater le lendemain de la victoire, s'ils l'emportent dans les élections. Dans cet embarras, je suis donc obligé de prendre, pour expression de l'opinion commune du parti, l'opinion extrême ; et, si les plus modérées se plaignent que ce n'est pas la leur, je leur répondrai : Tant mieux; et j'ajouterai avec un sage et habile ministre d'État (1), et à l'imitation du plus grand capitaine de l'ancienne Rome, *tout ce qui n'est pas contre nous est pour nous.* Venez donc à nous, et soyez les bienvenus.

J'entre en matière.

DE LA RÉVOLUTION DE 1830.

Le parti du mouvement prétend que cette révolution ne devait pas se borner à l'expulsion d'une dynastie dont la nation n'avait vu le retour en 1814 qu'avec une répugnance depuis lors trop bien justifiée; que la Charte de Louis XVIII, consacrant le principe du droit divin, devait être, non réformée, mais anéantie, et que, le peuple étant rentré dans ses droits, il eût fallu faire *table rase*, et convoquer un congrès national souverain, qui eût donné à la France une constitution nouvelle, plus en harmonie avec l'état actuel de la civilisation.

Le parti de la résistance, qui trouve que nous n'avons, depuis quarante ans, que trop souvent fait table rase, et que nous n'avons, après cela, jamais su rebâtir que sur le sable, ce parti, pour lequel surtout ce mot seul de congrès ou de convention nationale est un terrrible épouvantail, répond qu'il n'a contribué ou adhéré à cette révolution que par un effet des justes craintes que lui inspirait, surtout depuis la nomination du ministère Polignac, le gouvernement de Charles X, et de l'indignation dont il fût saisi, avec la nation tout entière, à l'apparition des ordonnances du 25 juillet; que, si la nation vit en effet, en 1814, le retour des Bourbons de la branche aînée, non-seulement avec *répugnance* (car le mot n'est pas assez fort), mais avec crainte et méfiance, la Charte octroyée put néanmoins la satisfaire pour le moment, en rassurant les intérêts alarmés,

____

(1) M. Guizot.

les droits acquis, les existences compromises par la première révolution ; que si l'absurde droit divin, admis en principe par le mot seul d'*octroi*, blessait justement l'orgueil national ; si, surtout, son insidieux article 14 ne pouvait que laisser dans les esprits quelques nuages sur les intentions ultérieures de son auteur ; si enfin les réactions et les excès de 1815 avaient dû rallumer contre lui la méfiance et l'exaspération nationales, l'ordonnance du 5 septembre 1816, qui avait mis fin à ces réactions, avait pu être regardée comme la preuve d'une intention sincère du gouvernement d'alors de marcher dans la voie de cette Charte, et que l'adhésion tacite de la nation, pendant les années qui suivirent, l'avait lavée de sa tache originelle, et en avait fait un contrat synallagmatique entre elle et son roi : fait que prouve évidemment la révolution de 1830 elle-même, qui pouvait bien déjà être dans quelques esprits, mais qui n'a eu de cause matérielle que la violation de ce contrat par l'une des parties.

Les partisans du mouvement assurent cependant que, pendant toute la durée de la restauration, ils n'ont pas cessé de conspirer contre elle, et ils prétendent qu'après la victoire il est très-injuste qu'ils ne recueillent pas les fruits qu'ils s'en étaient promis.

A quoi leurs adversaires répondent que si, en effet, les premiers ont conspiré, même à l'époque dont nous venons de parler, ils ont fort mal fait, car ils ont méconnu le vœu national, et qu'ils font bien plus mal encore de s'en vanter aujourd'hui, car ils ne font que justifier Charles X d'avoir voulu prévenir leurs complots, et que fournir à ses partisans des armes dont ils ne manquent pas de faire usage ; témoin les articles de leurs journaux et le dernier discours de M. de Fitz-James à la chambre des pairs.

Les premiers cependant, même en acceptant la Charte nouvelle, peu satisfaits de la petite mesure de liberté politique qu'à leurs sens elle accorde au peuple, ne cessent de faire grand bruit d'un prétendu programme de l'Hôtel-de-Ville, lequel, à les en croire, promettait beaucoup de choses, et entre autres que nous aurions un roi avec des institutions républicaines : et ici il faut rendre justice à quelques-uns d'entre eux qui viennent d'avouer sur les bancs des assises, que ces mots hurlaient de se trouver ensemble, et qu'ils n'aspiraient qu'à une république pure et sans mélange de royauté.

A quoi les seconds répondent qu'ils sont fort du même avis sur le premier point, c'est-à-dire sur le hurlement des mots; mais que ce sentiment n'étant pas celui de tous les amis des premiers, au moins ostensiblement, on pouvait les prier de s'accorder ensemble, et sans hurler, s'il était possible. Que de plus, un député (M. Viennet) leur a prouvé à la tribune d'une manière qu'ils peuvent récuser, mais que d'autres trouvent péremptoire, c'est-à-dire par le procès-verbal des faits, que ce programme n'est qu'un rêve ou même une invention de la mauvaise foi, et qu'il ne fut fait ni à l'Hôtel-de-Ville ni ailleurs aucune promesse qui n'ait été tenue.

Les premiers prétendent que Louis-Philippe n'est monté sur le trône que par le choix spontané du peuple usant de sa souveraineté, et non parce qu'après la chute de la branche aînée des Bourbons il se trouvait le plus près de ce trône, mais bien quoiqu'il en fût le plus près; d'où ils semblent tirer la conséquence, ou du moins d'où l'on peut inférer que le peuple, qui l'a porté au trône, peut, quand bon lui semblera, le prier d'en descendre; qu'il n'est, à proprement parler, qu'un président à vie, même révocable, ou, comme on le disait de Louis XVI en 91, que le premier commis de la nation; que conséquemment ses enfans n'auront après lui aucun droit à ce trône, s'ils n'y sont à leur tour élevés par le peuple, malgré leur proximité. Ici nous sommes obligés de faire remarquer une légère contradiction entre eux et ceux de leurs amis qui font cause commune avec eux (nous voulons parler des partisans de Napoléon), et nous prendrons la liberté de demander à ceux-ci quel droit éventuel ils reconnaissent à ce *fils de l'homme*, leur idole, si ce n'est celui de la naissance (A); mais c'est, comme nous l'avons dit, un point encore (et ce ne sera pas le dernier) où on peut les prier de s'accorder entre eux, espérant au surplus que, s'ils parvenaient à renverser le gouvernement actuel, dessein qu'ils ne prennent presque plus la peine de dissimuler, ils ne continueraient pas moins à être les meilleurs amis du monde, et sauraient fort bien rester fidèles, les uns au culte de la liberté, les autres au fils de leur ancien maître, sans trouble, sans querelle et sans guerre civile, laquelle ne serait peut-être pas du goût du reste de la nation. Mais les seconds ajoutent encore que la Charte de 1830 est, de l'aveu (on peut dire unanime) de la nation, la loi fondamentale de l'Etat; que cet aveu de la nation est la seule expression formelle de la volonté souveraine du peuple une fois émise; que toutes les volontés particulières, voire même celles de messieurs les journalistes et de messieurs les étudians et de messieurs les vainqueurs de juillet, doivent se plier à celle-là; que ceux qui interprètent autrement la souveraineté du peuple, sont des ambitieux et des factieux qui ne font si grand bruit de ce nom de peuple que pour se mettre à sa tête et soumettre la nation entière, le vrai peuple, à leurs propres volontés, c'est-à-dire à la plus dure, à la plus arrogante, à la plus insupportable tyrannie. Or, trouvant dans la Charte que la France est une monarchie constitutionnelle héréditaire et point une république, et la nation ayant reconnu Louis-Philippe pour légitime, le seul légitime roi des Français, ils tiennent d'avance ses enfans mâles, par ordre de primogéniture, pour ses héritiers présomptifs non moins légitimes que lui; reconnaissant que ces princes auront droit à la couronne, non point malgré leur proximité du trône, mais précisément à cause de cette proximité.

Ils disent de plus, que si ce peuple l'a ainsi voulu et établi de son autorité souveraine, et une fois pour toutes, c'est bien moins dans l'intérêt de la dynastie nouvelle que dans son intérêt propre; que ce peuple, mieux éclairé par le simple bon sens et par une récente et terrible expérience que par les séduisantes théories dont on cherche à l'éblouir, a fort bien senti que, sans stabilité dans ses institutions, il ne peut espérer, pour le présent et pour l'avenir, ni repos, ni sécurité, ni prospérité, ni gloire solide, ni libertés d'aucune espèce; mais qu'il aurait sans cesse à craindre, au contraire, de retomber dans l'anarchie, d'où il pourrait bien ne sortir, comme la première fois, que par le retour si justement redouté de la branche exilée des Bourbons, ou peut-être même par le démembrement de la France.

A l'égard du *fils de l'homme*, ils le tiennent pour déchu, très-légitimement déchu, au même titre que le *fils de la femme*, c'est-à-dire par la violation que le père de l'un et le grand-père de l'autre se sont permise des lois fondamentales de l'Etat, confessant franchement que si Louis-Philippe ou ses successeurs se portaient à une violation semblable, dans ce cas, mais dans ce cas seul, le peuple rentrerait dans son droit d'appel aux pavés de ses rues.

Ils ajoutent encore, pour achever de prouver que Louis-Philippe a été appelé au trône, non quoiqu'il en fût le plus près, mais parce qu'il en était le plus près, que, quoique la nation entière se soit accordée à reconnaître dans ce prince, d'après tous ses antécédens, le courage, les lumières, la noble sincérité jointe à la prudence, le jugement consommé, la sage économie, le patriotisme pur, la fidélité à ses promesses, l'abnégation de lui-même, en un mot toutes les vertus qui font les grands et surtout les bons rois, toutefois il est probable que, sur une population mâle de seize millions d'habitans, il se serait trouvé un ou plus d'un autre citoyen doué des mêmes vertus, et à coup sûr, plusieurs milliers qui auraient cru ou voulu faire croire qu'ils en étaient doués ; mais ils prétendent que Louis-Philippe seul joignait à ces avantages celui d'être l'homme autour duquel tous les intérêts nés de la première révolution se groupaient d'eux-mêmes, auquel, pour l'affermissement de la seconde, tous les intérêts nouveaux et toutes les existences compromises devaient se rallier encore, et d'appeler ainsi sur sa tête, sans scrutin, les suffrages de tous. Ils se rappellent, à ce sujet, ce couvent de capucins qui, réduits à trois frères, eurent à procéder au choix d'un prieur, et qui, tous les trois aspirant à cette charge, se mirent à se battre jusqu'à ce que le plus fort, ayant assommé les deux autres, pût se donner sa voix à lui seul : et ils regardent comme un bienfait de la Providence d'avoir placé, au moment de la dissolution du contrat social, un homme à une telle élévation dans l'estime et la vénération publique, que, tous les yeux et les cœurs se tournant vers lui, il pût relier le faisceau, et préserver les deux tiers de la nation d'être assommés par l'autre tiers.

Ils disent enfin qu'en opposant la légitimité de ses droits éventuels à ceux des autres branches de la maison de Bourbon, il coupait court à toutes leurs prétentions futures, fondées ou vaines : et qu'offrant seul aussi des garanties de stabilité, et partant de paix aux autres états de l'Europe, il pouvait seul attendre d'eux la reconnaissance immédiate de son avènement au trône, ce qui eut lieu en effet, comme par miracle, et ce qui nous évita les dangers extrêmes d'une guerre générale, au moment où l'armée désorganisée, nos places fortes dépourvues ou démantelées, le trésor vide, les impôts mal payés et le crédit ébranlé nous laissaient exposés aux horreurs d'une troisième invasion.

Les partisans du mouvement, je veux dire les plus ardens parmi eux (car n'oublions pas que c'est toujours ceux-là que je fais parler), sentant bien que si, après la fuite ou l'exil de Charles X, ils avaient proclamé la république, la nation entière indignée les eût désavoués, se turent sur le premier acte de la chambre des députés , c'est-à-dire sur l'élévation de Louis-Philippe au trône ; mais, ainsi qu'ils l'ont trop bien prouvé depuis lors , se réservant *in petto* de déconsidérer la royauté nouvelle, afin de la renverser plus aisément si elle ne cédait pas à toutes leurs exigences, ils se bornèrent d'abord à contester les pouvoirs de cette chambre (son seul premier acte excepté), disant que, nommée en vertu de la loi du double vote , le mandat de ses membres avait cessé par l'abolition du principe qui avait créé cette loi ; et soutenant que si la nécessité impérieuse ne leur avait pas permis de se dissoudre, avant d'avoir fait une nouvelle loi d'élections, ce devoir rempli , la continuation de leurs fonctions devenait une usurpation de pouvoir.

A quoi les partisans de la résistance répondent que , les députés ayant été élus, d'après une loi vicieuse, si l'on veut, mais alors en vigueur, leur élection avait été tout-à-fait légale ; que la révolution qui avait renversé la dynastie n'avait point changé la nature ou restreint l'étendue de leur mandat ; que si l'impérieuse nécessité les avait même mis dans le cas de le dépasser momentanément , et pour un seul acte, le transfert de la couronne de la branche aînée des Bourbons à une branche cadette, ils en avaient obtenu un bill d'indemnité incontestable et solennel dans l'adhésion unanime et spontanée de Paris d'abord, et bientôt de la France entière ; qu'une autre nécessité ne leur avait pas permis de se séparer avant d'avoir mis le gouvernement naissant dans la possibilité de s'établir, de s'affermir et de faire exécuter les lois ; que dans ce but il avait fallu :

1° Voter une loi d'élections transitoire, afin de remplacer ceux d'entre eux que leur refus de serment , ou leur acceptation de fonctions salariées , ou d'autres causes avaient éliminés du tableau, et de faire disparaître le double vote si odieux à la nation ;

2° Autoriser les levées d'hommes indispensables pour mettre l'armée au moins sur le pied de paix défensif, et fournir les subsides nécessaires jusqu'au réglement des budgets ;

3º Quand la chambre se serait complétée par la loi électorale transitoire, en faire une définitive pour la convocation d'une chambre nouvelle ;

4º Voter enfin les lois de circonstance et d'urgence dont le gouvernement aurait besoin, et qu'il pourrait lui soumettre.

Ils disent encore que c'était une inconséquence manifeste, avouée à la tribune par un des membres le plus distingués de la chambre, et le plus chers au parti du mouvement (Benjamin Constant), que de lui accorder le droit de faire une loi électorale définitive et de lui contester celui d'en faire une provisoire.

Ils ajoutent enfin que, la Charte n'accordant pas à la chambre le droit de se dissoudre elle-même, c'était pour elle un devoir impérieux de rester à son poste, jusqu'à ce que le Roi usât de sa prérogative à cet égard.

Les premiers reprochent amèrement aux divers ministères, et spécialement au ministère *Guizot* (1), de n'avoir pas fait assez de changemens dans le personnel des administrations, conservant ainsi dans leurs emplois les agens dévoués au gouvernement déchu, et en écartant les patriotes éprouvés; et les seconds répondent que pour ce qui est des agens amovibles supérieurs de l'ordre administratif et de l'ordre judiciaire, plus des sept huitièmes furent changés dès les premiers mois, ainsi que le prouva M. Guizot lui-même par un rapport fait à la tribune, et que ceux qui avaient été conservés avaient tous donné, sous la restauration, des preuves de leur attachement à la Charte; qu'à l'égard des emplois inférieurs, et spécialement de

(1) M. Guizot n'était pas président du premier ministère de Louis-Philippe (il n'y en avait point); mais, cette dénomination étant devenue populaire, et probablement devant demeurer historique, j'ai cru devoir l'adopter.

ceux qui ressortissent à l'administration des finances, la
plupart des titulaires étaient en possession des leurs depuis
si long-temps, que beaucoup d'entre eux avaient traversé
l'empire et les deux restaurations et les cent jours, et que
leur fidélité aux divers gouvernemens qui les payaient, loin
de devoir causer de l'ombrage au gouvernement actuel,
n'était qu'une garantie de celle qu'ils lui garderaient à lui-
même; que d'ailleurs il ne suffit pas d'être ou de se dire bon
patriote pour être propre à tout; que ces emplois exigent
de plus des talens spéciaux qui ne s'acquièrent que par un
long usage, et que remplacer ces hommes éprouvés par des
hommes nouveaux et inexperts, c'eût été courir le très-
grave danger de porter le désordre et la désorganisation
partout, dans un moment surtout où le gouvernement, encore mal assis, ne pouvait user de trop de prudence et de
vigilance pour prévenir une dissolution totale de la machine
administrative; qu'en outre un grand nombre de ces employés ayant, ainsi que nous l'avons dit des agens supérieurs, fait déjà, sous la restauration, preuve de leur attachement à la Charte, il eût fallu, pour ne pas commettre
d'injustice, faire entre eux un triage, et entrer dans le
système des catégories, système dont on connaît les dangers, et qui n'est, le plus souvent, que le triomphe de la
faveur, de l'importunité et du savoir-faire sur le mérite
laborieux et modeste, ennemi de l'intrigue et du patronage;
et qu'enfin, parmi ceux même de ces employés qui pou-
vaient conserver quelques regrets ou quelques souvenirs de
reconnaissance à la famille déchue, la majeure partie s'é-
tait cependant soumise de bonne foi au nouvel ordre des
choses, sous la condition tacite qu'il conserverait au pays
la paix, la sécurité et la stabilité qu'ils avaient cru atta-
chées au gouvernement précédent.

Mais une grande querelle que les amis du mouvement
font au ministère, c'est de n'avoir pas fait cause commune
avec les peuples qui, à notre exemple, ont voulu être libres,

et d'avoir, au contraire, tant qu'il l'a pu, comprimé leur généreux élan, soit en écartant des frontières et en refoulant dans l'intérieur les réfugiés espagnols et italiens, soit en ne soutenant par les Belges avec assez de vigueur, soit en ne tendant pas de loin une main secourable aux héroïques et malheureux Polonais.

Or, sur cette immense question, voici la réponse des amis de la paix ou de la résistance.

Pour savoir ce qui serait advenu, si le gouvernement eût cédé sur ce point à vos incessantes et pressantes instigations, vous ne pouvez raisonner que par hypothèse et vous dites, qu'en faisant cause commune avec les peuples libres ou voulant l'être, et conséquemment en favorisant les efforts des patriotes de toute l'Europe prêts à se soulever contre leurs gouvernemens, la France eût assuré sa propre liberté et même son repos futur : car en nous donnant ainsi dans les peuples des alliés contre des rois auxquels la nature et surtout le principe de notre gouvernement fera toujours ombrage, des rois qui ne l'ont reconnu qu'avec l'arrière-pensée de le détruire, quand ils en trouveraient le moment opportun, nous aurions pris contre eux l'initiative de l'attaque, dans le moment le plus opportun pour nous; qu'ainsi, bientôt libératrice des autres nations, la France eût, comme de droit, pris parmi elles le premier rang qui lui appartient et que, pour juste prix de sa coopération, elle eût indubitablement fini par obtenir ses limites naturelles du Rhin et des Alpes, avec les places fortes qui manquent encore à sa sûreté. Certes ces argumens sont fort spécieux et aussi flatteurs pour l'orgueil national que rassurants pour notre indépendance future; mais puisque vous faites des hypothèses, il nous est permis d'en faire à notre tour et voici les nôtres.

Nous considérerons la question sous ses deux rapports, de l'extérieur et de l'intérieur.

D'abord, vous convenez que ce système nous eût mis en

guerre immédiate avec tous les gouvernemens absolus de l'Europe. Nous ne chercherons pas à prévoir les chances probables de cette guerre : la valeur française ne nous permet pas cet examen, mais si parmi ces peuples il y a, comme chez nous, division d'opinions ; s'il en est même chez qui la majorité est assez aveugle ou assez peu avancée encore en civilisation, pour ne pas sentir le prix de la liberté, notre idole, de cette divinité dont nous voulons nous faire les apôtres ; s'ils ont, eux, d'autres dieux et d'autres prêtres ; si, par exemple, les Espagnols et les habitans de l'Italie méridionale, loin de seconder nos généreux efforts pour leur procurer ce premier des biens, eussent trouvé bon de s'unir à leurs rois contre nous ; si les peuples de l'Allemagne, les Suisses, une autre portion de l'Italie ont conservé quelque souvenir de l'espèce de liberté que nous avons déjà implantée chez eux une fois, soit sous le régime de notre prétendue république, soit sous Napoléon, et n'eussent guère été tentés d'en faire un essai nouveau, pensez-vous que de cette guerre générale d'une portion de ces peuples par nous soutenus, contre leurs souverains actuels soutenus par une autre portion, il eût fini par naître un système de gouvernemens libres pour l'Europe? Quant à nous, nous ne prévoyons à cette conflagration générale que deux résultats probables : ce sont les suivans. Ou les gouvernemens anciens l'eussent emporté et alors ils y auraient gagné, au détriment des peuples et de la civilisation, cette force et cette vie nouvelle que donne toujours la victoire ; alors voulant étouffer tout germe de ce qu'ils appellent la fièvre révolutionnaire, il n'est pas de mesure acerbe pour le présent, pas de précaution machiavélique pour l'avenir, que ne leur eussent inspirées à la fois la vengeance et le besoin impérieux de défendre leur existence; car songez bien qu'il s'agit ici, pour eux, de guerre à mort : *to be or not to be :* ou le parti populaire fût resté vainqueur, et la guerre civile, après des désastres dont l'esprit humain ne saurait calculer l'étendue, n'eût pas

manqué de finir comme toutes les guerres civiles possibles,
par le despotisme dictatorial ; alors, ainsi qu'il nous est
arrivé à nous-mêmes, à une première épreuve qui (bien
qu'on ne le sache pas ou qu'on ne l'avoue pas) ne nous a
pas fait beaucoup d'honneur chez nos voisins, parmi les
amis de la liberté ; alors les peuples eussent encore baissé
la tête, non sans maudire, dans les deux cas, notre funeste
intervention.

Passons à l'hypothèse de l'intérieur.

Pour faire la guerre, il faut des hommes et de l'argent.
« Des hommes ! dites-vous, oh ! nous avons quinze années
» de conscription à peine entamées par trois expéditions
» insignifiantes, une armée déjà sur pied de 400 mille com-
» battans et au besoin 1500 mille hommes de gardes na-
» tionales mobiles. Or, comme le disait le grand Napoléon,
» la plus belle mort étant celle qu'on trouve au champ
» d'honneur, en avant, marchons !....... » Marchons ! Oh !
certes, marchez, vous qui trouvez que vous êtes dans
la boue, que rien ne vous arrête ! Marchez.

En effet, si tous ceux qui prêchent la guerre du fond de
leurs cabinets marchaient, il pourrait en résulter quelque
bien, moins peut-être pour la sainte cause de la liberté des
peuples que pour le repos de la France (1). Quant à nous
qui nous trouvons sur un terrain assez sec, assez doux,
assez favorable, souffrez que nous fassions halte et que nous
vous répondions que si tant de nos généreux guerriers ont
acquis, sous les aigles du grand homme et au prix de leur
sang, une si ample moisson de gloire au nom français, nous

---

(1) Quoique je fasse ici allusion à une poétique comparaison d'un
illustre général, on comprend qu'il n'y a rien qui lui soit personnel,
car il a assez prouvé sur vingt champs de bataille qu'il n'est pas de
ceux qui font halte dans la boue, et qu'il marcherait, au premier
appel, avec son intrépidité ordinaire, mais que je parle seulement à
ces écrivains toujours prêts à crier : Aux armes ! du fond de leurs cabinets, comme je le dis.

qui ne les voyons plus assis à nos foyers, qui ne pouvons pas même aller prier sur leur cendre dans nos cimetières, qui ne saurions où trouver leurs ossemens, afin de leur rendre les honneurs funèbres, sur cet immense champ d'honneur et de carnage qui s'étend du Kremlin aux colonnes d'Hercule, nous ne savons que les pleurer. Souffrez que nous vous disions que si cet homme si grand en effet sur les champs de bataille, si petit, de votre aveu, au milieu de ses esclaves chamarrés d'or, a porté haut le nom de la grande nation, celle-ci sait à quel prix : elle sait qu'en quittant Paris, il y laissa les Cosaques; et quand elle tourne les yeux vers ses frontières, elle les voit avec douleur (étrange résultat de tant de gloire!) plus rapprochées de sa capitale et plus ouvertes à l'invasion étrangère qu'alors qu'il vint, le sabre à la main, faire sauter ses représentans par les fenêtres, et se proclamer lui-même non son chef, mais son maître. Mais vous, hommes si épris de la gloire, pensez-vous qu'elle n'ait rien de glorieux cette modération d'un peuple libre et puissant qui sent sa force, et qui sait n'en pas abuser, qui connaît son influence sur les autres peuples, qui sait qu'à son drapeau, s'il voulait le déployer sur les champs étrangers, courraient peut-être se rallier les soldats de l'ennemi et qui ne veut point avoir d'ennemis, qui ne veut pas surtout que ce drapeau serve de ralliement aux fauteurs de l'anarchie de tous les pays? Laissez-nous donc croire qu'un gouvernement paternel, ce qui ne l'empêche pas d'être constitutionnel, peut très-bien maintenir l'honneur national en ménageant le sang des peuples. Il nous semble qu'un peu d'humanité ne sied pas moins à la liberté qu'un peu de gloire : car tous les sentimens généreux sont humains, et certes l'amour de la liberté est le plus généreux des sentimens.

Nous avons dit en second lieu que pour faire la guerre il faut de l'argent : et rappelons ici qu'il s'agit d'une guerre générale, de ce qu'on appelle une guerre de principes dont la durée est subordonnée à la reconnaissance de ces prin-

2

cipes par tous les peuples guerroyans, et partant ne saurait être déterminée par aucune prévision humaine. Nous consentons à ne pas prendre cependant pour terme de comparaison des frais de cette guerre, ceux des guerres de notre première révolution, qui commencèrent en 1792 et durèrent presque sans interruption jusqu'en 1814. S'il fallait récapituler et additionner tous les trésors qu'elles ont absorbés, et les trois milliards de biens du clergé, et peut-être autant de ceux des émigrés et condamnés, et toute la fortune mobiliaire de la France, engloutie dans les deux banqueroutes des assignats et de la dette publique (l'une totale, l'autre des deux tiers) et les réquisitions et les dons patriotiques et les emprunts forcés, etc., etc. Certes il faudrait, en y joignant ce qu'elles ont consommé d'hommes, nous préparer, ainsi que l'a fort ingénûment avoué un illustre orateur, à donner jusqu'à notre dernier enfant et à notre dernier écu. C'est à vous, messieurs les électeurs, ou au moins à ceux d'entre vous qui ont des enfans et des écus, à voir jusqu'à quel point ils seraient disposés à ces glorieux sacrifices. Mais bornons-nous à prendre pour base de nos calculs la guerre d'Espagne de 1823 (sans en justifier les causes, ce qui ne fait rien à la question). Autant qu'il nous en souvient, ce ne fut guère moins de 400 millions qu'il nous en coûta, pour la plus pacifique des guerres, contre une seule puissance, et de moins d'un an de durée. Pensez-vous qu'alors qu'il nous faudrait guerroyer sur toutes nos frontières de terre (et peut-être de mer, ce qui pourrait fort bien dépendre de nos succès ou de nos revers), pensez-vous que ce soit exagérer que de porter ces frais au triple, à 1200 millions par an? Où les prendrez-vous? Vous venez de voir un premier emprunt de 120 millions négocié à 84 (c'est-à-dire un engagement pris de payer 143 millions environ, pour n'en toucher que 120). A quel taux pensez-vous que se négocieraient le deuxième et le troisième et le quatrième? car, n'en doutez pas, il faudrait y revenir tous les

mois. Vous irez peut-être ainsi jusqu'au bout de cette première année, en aliénant ou hypothécant, ce qui est la même
chose, le reste des bois de l'État, et en consommant ce
précieux fonds d'amortissement sur lequel vous avez déjà
plus d'une fois jeté un œil de convoitise; mais nous osons
le dire hautement, dès la seconde année il faudrait en venir
aux accroissemens d'impôts, aux emprunts forcés, aux réquisitions et à toutes les mesures coërcitives que ces moyens
commandent, peut-être aux confiscations et à un système
de terreur que vous pourriez bien être assez habiles pour
déguiser sous quelque nom nouveau, mais dont vous ne
changeriez pas la nature. Ne nous apitoyons pas cependant
encore sur ces tristes conséquences, nous pourrons y venir
plus tard et nous ne vous fournirons peut-être que trop
d'autres prétextes de nous traiter d'alarmistes; bornons-
nous ici aux emprunts et à leurs résultats. Électeurs capitalistes, ne vous faites pas illusion : par la création de ces
emprunts nouveaux et par la disparition de l'amortissement,
votre fortune entière est compromise. En temps de guerre,
tant qu'il y aura un centime au trésor, il sera et devra être
pour la solde et l'entretien des troupes. Or du jour où, à
l'échéance du semestre, le caissier dira aux porteurs de rentes,
repassez demain, plus de cours à la bourse; cette bulle de
savon qu'on appelle crédit public crève; le prestige s'éva-
nouit, et la fortune générale mobiliaire se trouve réduite du
capital que représentait cette rente dans les mains des porteurs. Direz-vous que vous n'êtes pas rentiers? que vous
êtes désintéressés à leur ruine? Erreur encore. Le non-
paiement de la rente classée ne ruinerait peut-être que les
rentiers; mais la grande masse de cette rente, la rente
flottante est dans les mains des gros banquiers et des spé-
culateurs de Paris : le désastre de ceux-ci serait celui des
banquiers de province et ne tarderait pas à atteindre par
ricochets le commerce en gros et en détail et jusqu'au malheureux artisan, à la pauvre servante qui auraient placé

chez leur riche patron les économies d'une vie entière de labeurs et de privations. Et vous, électeurs propriétaires, pensez-vous être tout-à-fait à l'abri ? Détrompez-vous aussi ; votre malheur sera moindre, mais vous en aurez votre part. Atteints d'abord plus que les autres citoyens par les impôts nouveaux, vous verrez de plus vos champs, vos maisons diminuer de prix, à proportion de la diminution de la somme générale des capitaux ; car c'est l'abondance de ces capitaux réels ou fictifs, qui a élevé si haut le prix vénal des immeubles et qui les soutient, par la concurrence des acheteurs, à cette valeur exagérée. Mais il est parmi vous une classe surtout qui sera cruellement atteinte : c'est celle des débiteurs sur hypothèques. Poursuivis bientôt par des créanciers aigris de leurs pertes et qui voudront y trouver une compensation dans un accroissement d'intérêt, ils se verront, à chaque renouvellement, menacés d'expropriation ou forcés de souscrire à un intérêt usuraire, contre lequel les lois seront toujours impuissantes. Se soumettront-ils à cette usure ? Plus d'espoir pour eux, plus de possibilité de se libérer. Du jour où leur dette, accrue des intérêts, aura atteint la valeur vénale du fond qui fait la sûreté du prêteur, ils seront expropriés et n'auront ainsi retardé leur ruine que pour la rendre plus complète. Se décideront-ils à vendre une portion du fonds pour dégrever l'autre, ce qui est toujours la meilleure et même la seule voie de salut pour eux ? ils auront encore la douleur de céder à 500 francs l'arpent de terre qui en valait mille l'an passé. Ainsi, pour en finir des finances, capitalistes et propriétaires, riches et pauvres, tenez pour avérés ces trois points :

1° Que votre fortune est liée, d'une manière directe ou indirecte, mais intimement, et seulement du plus au moins, au cours de la rente ;

2° Que le paiement de la rente n'a d'autre garantie que celui des impôts et partant la prospérité du commerce, de l'industrie et de l'agriculture, ce qui veut dire la paix ;

3° Et conséquemment, que toute guerre ou tout système politique qui ne permettrait pas de tenir les recettes au niveau des dépenses (en comprenant dans les dépenses l'amortissement d'une portion du capital de la dette), pourrait compromettre tout votre avenir.

Que si, au contraire, par une paix de quelque durée, et par l'affermissement de notre gouvernement actuel, nous parvenons à réduire notre dette et à donner par là de solides garanties à la confiance publique, alors si une guerre devient nécessaire, nous pourrons emprunter de nouveau et la soutenir avec d'autant plus d'avantage, et partant de vraie et solide gloire, que les autres gouvernemens de l'Europe, presque tous absolus et n'offrant pas, comme le nôtre, aux peuples des garanties de la bonne administration des deniers publics, n'auront pas pu, comme nous, se dégrever du fardeau d'une dette qui les écrase tous, non moins que nous. Alors, disons-nous, si nous avons à défendre d'une agression injuste notre territoire, nos libertés ou notre honneur, nous pourrons prendre l'offensive à notre tour : nous pourrons reconquérir ces places fortes qui manquent peut-être encore à notre sûreté et étendre ces frontières que, dans l'état actuel des choses, nous ne voulons pas franchir, mais que les hommes du milieu sont, certes, bien moins disposés encore que ceux des deux bouts à laisser franchir à l'étranger.

Mais ici nos adversaires, hommes trop supérieurs à tous ces calculs financiers, veulent bien y descendre un moment et nous disent : « Puisque vous avez rendu justice à la valeur » française, en ne mettant pas en doute les succès de la » guerre, soyez donc conséquens avec vous-mêmes. Ignore-» t-on que c'est aux vaincus à en payer les frais ? Voyez » Napoléon ; reprenez les budgets de ces quinze années de » gloire et de prodiges qui feront l'éternel honneur de nos » annales ; comparez-les à ceux d'une même période de paix, » presque non interrompue, sous la restauration ; et convenez » qu'ils ne s'élèvent pas annuellement aux deux tiers des

» seconds. C'est qu'il savait bien faire payer à l'ennemi ces
» frais qui vous causent tant d'alarmes. »

Eh bien, soit, leur répondrons-nous : vous nous citez
des faits et nous sommes fort partisans de ce mode d'argu-
mentation ; mais puisque vous trouvez commode de ne
jamais rappeler du grand mélodrame de l'Empire que la
partie glorieuse, c'est-à-dire les premiers actes, il faut bien
nous permettre, à nous, de vous rappeler le dernier, c'est-
à-dire la catastrophe ou le dénoûment, c'est-à-dire les deux
invasions et leurs désastres, et les contributions de guerre,
et les énormes emprunts rendus nécessaires pour renvoyer
les étrangers, et qui forment encore plus de la moitié de
notre dette publique. Oui, messieurs, de quelques prestiges
de gloire que vous cherchiez à colorer la question, vous ne
parviendrez pas à étouffer ces éternelles vérités : que toutes
contributions exigées des rois vaincus sont payées en définitive par les peuples ; que ces peuples, quelque despotique
que puisse être la forme de leur gouvernement, s'y ratta-
chent, quand ils sentent l'oppression étrangère ; et qu'ainsi,
cette guerre que vous feriez aux rois, pour apporter la
liberté aux peuples, ne tarderait pas à devenir, pour ceux-ci
même, une guerre nationale dirigée contre vous ; car tous
les peuples du monde comptent au nombre de leurs plus
précieuses libertés la conservation de leur fortune, leur repos
et leur indépendance de l'étranger. Et certes, vous pourriez
vous rappeler comme nous la triste épreuve que nous en
fîmes en 1813 à Leipsick et dans toute cette glorieuse mais
funeste campagne. Cessez donc de faire tant de bruit de la
valeur française, dont nous nous montrons plus justes ap-
préciateurs que vous, car nous sommes meilleurs ménagers
que vous du sang de nos braves ; ne démentez pas une
expérience si récente et si chèrement payée, et ne gâtez pas
une seconde fois la sainte cause de la liberté que les peuples
sauront bien conquérir sans nous, quand ils seront mûrs
pour elle.

Cette grande question de la guerre m'a entraîné un peu loin ; mais elle m'a paru d'une telle gravité, de telles conséquences en ressortent, que je pourrais peut-être, messieurs les Électeurs, m'arrêter ici, et que les partisans de la paix ou de la résistance doivent vous paraître déjà suffisamment justifiés ; mais les amis du mouvement ne se tiennent pas si aisément pour battus. Hommes forts, génies vastes et intrépides, et sachant bien que qui veut la fin veut les moyens, ils sourient de pitié et vous disent : « Hé bien !
» après tout, qu'importe au pays tout ce remue-ménage ?
» Le sol de la France en sera-t-il moins fertile, le Français
» moins industrieux, les mariages moins féconds ? Voyez les
» suites de la première révolution : les fortunes changent de
» main et voilà tout. »

Messieurs les Électeurs, voyez vous-mêmes jusqu'à quel point cette conclusion vous sourit ; mais écoutez encore la réponse de leurs adversaires.

Voilà tout, dites-vous ! non, ce n'est pas tout : les fortunes ne changent point de mains ; mais seulement le riche devient pauvre, et le pauvre n'en est pas plus riche ; car la diminution des capitaux n'enrichit personne, et au contraire, en enlevant au ci-devant riche la faculté de consommer, elle laisse le pauvre sans travail et sans pain. « Voyez,
» dites-vous, les suites de la première révolution. » Mais de quelles suites entendez-vous parler ? Ce n'est pas sans doute du régime de la restauration que vous abhorrez, dont nous redoutons le retour au moins autant que vous, et qui fut pourtant une suite des excès de cette révolution. Est-ce du règne de Robespierre, ou de la *pentarchie*, ou du régime impérial ? Certes oui, nous les connaissons ces suites ; nous avons encore présent le tableau de ce quart de siècle de massacres, de ruines, de forfaits, de misère et d'oppression, enveloppé, il est vrai, d'une immense auréole de gloire. Nous voyons plus tard sortir de ce chaos, comme de la roue de la loterie, des insignes brillans et de douces siné-

cures, et de gras majorats, et voire même des trônes; et n'est-ce pas, par hasard, ce spectacle qui attire vos regards, à vous, qui vous éblouit et vous rend aveugles au reste de l'immense et effrayant panorama? Pour nous qui n'y cherchons que la liberté, en vérité nous n'y en voyons pas l'ombre; nous n'y trouvons que le despotisme des échafauds, et puis du sabre, et puis des Jésuites, et puis..... la nécessité de recommencer l'ouvrage de nos pères. Or, nous voudrions bien sortir enfin de ce cercle vicieux, et ne pas laisser à nos enfans la même pénible tâche à remplir.

Mais ici encore, un sourire de pitié des intrépides amis du mouvement. « Nous y voilà, disent-ils, voilà bien toujours » nos effrayés, nos trembleurs, nos alarmistes! Prophètes » de malheur dont il faut se défier! Ils ne voient rien, ils ne » rêvent rien que la terreur : c'est une idée fixe qui ne sort » pas un moment de leur imagination effarouchée, comme si » un système aussi monstrueux pouvait s'établir une seconde » fois, comme si l'indignation générale n'en ferait pas aus- » sitôt justice.

Hé bien ! nous l'espérons que cet affreux régime ne se rétablira pas; nous le désirons surtout plus que vous, qui déjà, dans vos clubs, en écoutant et en applaudissant l'éloge de Marat, avez assez prouvé, en effet, que vous n'êtes pas faciles à effrayer, au moins sur les dangers des autres. Nous l'espérons, disons-nous, sans décider pourtant si vite de l'avenir, car nous croyons que les mêmes causes peuvent très-bien avoir les mêmes effets. Nous avons vu aussi en 93 l'indignation générale : qu'arriva-t-il? Lyon, Marseille, Nîmes, voulurent se soustraire à la tyrannie du bonnet rouge; Lyon se souvient de Collot-d'Herbois, et Nîmes de Courbis, que Trestaillon a bien pu égaler, vingt ans plus tard, mais non, certes, faire oublier. Mais écartons même ces souvenirs, n'admettons pas cette hypothèse; n'est-il pas d'autres dangers à craindre? Dans toutes les horreurs de notre première révolution, une au moins nous a été épargnée, c'est la guerre civile proprement dite; c'est un Marius contre un Sylla; York et Lancastre, un Guise contre un Valois (B); car, il faut bien l'avouer, l'horrible Robespierre sut au moins étouffer les germes de ce fléau non moins horrible que lui. Qui vous dit que vous n'êtes pas destinés à passer par cette épreuve? Qui vous assure qu'à la première nouvelle d'un attentat heureux contre la charte et la dynastie (et cet attentat, niez qu'il ne soit dans le cœur de beaucoup d'entre vous), qui vous assure que Bordeaux, oubliant le terrible exemple de Lyon, et soutenu de la majeure partie de la France indignée, ne courrait pas pour défendre ou pour venger son roi? Que cependant un aigle ne pût pas venir à poindre quelque part, que sais-je? en Alsace, et un lis dans l'ouest ou dans le midi, pendant que le bonnet rouge couronnerait aux Tuileries l'image de l'incorruptible Robespierre? Doutez-vous que ces divers signes de ralliement n'eussent bientôt leurs soldats, et leurs chefs aguerris, et leurs armes, et leurs munitions, et leurs subsides volontaires ou forcés? Et dans cet épouvantable conflit, que deviendraient, de grace, et la rente et le crédit, et le commerce et les grandes et utiles entreprises, et les améliorations dans notre législation, et les progrès de la civilisation, et la liberté, la sainte liberté, cause innocente de tant de maux?

« Prophètes de malheur, dites-vous, dont il faut se défier! » Messieurs les Électeurs, l'anglais Burke, et l'abbé Raynal, et M. de Châteaubriand furent aussi des prophètes de malheur; les premiers en prédirent à l'Assemblée constituante, et le dernier (inutile Cassandre!) à Charles X. La Constituante et Charles X furent sourds, et leur œuvre périt.

Nous, nous vous dirons: il faut se défier de ces hommes qui ne vous montrent jamais que le côté noir du présent, et que le beau côté d'un avenir qu'ils créent au gré de leurs séduisantes utopies; utopies par lesquelles quelques uns d'entre eux peuvent bien être séduits eux-mêmes, mais dont beaucoup d'autres connaissent et vous cachent la vérité, parce qu'ils ont fondé sur elles l'espoir de leur avenir personnel. Il ne suffit pas de crier sans cesse que tout va mal, il faudrait prouver que tout irait mieux autrement; et quelle preuve vous en fournissent-ils? Cependant, si vous les écoutez, c'est-à-dire si vous leur confiez le pouvoir,

> On verra naître l'âge d'or;
> La paix règnera sur la terre.

Tel était, en effet, le refrain de l'un de ces chants civiques dont leurs devanciers faisaient retentir la France, quand ils la tenaient sous le joug du plus dur, du plus humiliant esclavage. Cet âge d'or, cette paix générale sur la terre, ce fut l'Empire : trouvez-vous que ce fût le temps de Saturne et de Rhée? Il nous semble à nous que ce fût en effet l'âge d'or pour ceux à qui la roue de la fortune distribua, comme nous l'avons dit plus haut, les titres, les habits galonnés, les sénatoreries, les riches dotations; mais que pour le reste de la France ce ne fut, certes, le temps ni de la paix générale sur la terre, ni de la liberté. Tel fut, tel sera toujours le résultat de ces théories inapplicables qui voudraient forcer la marche de l'esprit humain, et régénérer trop brusquement les mœurs des peuples. Ah ! écoutez plutôt avec confiance, avec reconnaissance, avec amour, les sages leçons de ce grand, de ce bon Roi votre élu, de ce père qui ne rêve que votre bonheur, qui s'est associé à vos intérêts, à vos dangers, qui vous a sacrifié l'existence la plus belle, la plus indépendante, la plus à l'abri des caprices du sort, qui n'a pas craint de compromettre, pour le salut de sa grande famille adoptive, ce que les hommes ont de plus cher, l'avenir de sa propre famille naturelle. Défiez-vous donc, vous redirons-nous, de ces frondeurs moroses qui ne voient de remède aux moindres abus, inséparables des meilleurs gouvernemens, que de continuels changemens dans sa forme et même dans sa nature, dussent-ils amener la plus terrible catastrophe, la dissolution du pacte social ; semblables à ces empiriques toujours prêts à faire sur leurs malades, et souvent pour des maux légers, l'essai de remèdes aventureux, au risque de les y voir succomber. Dites-vous hardiment : non, les intérêts de ces hommes ne sont point les nôtres, car leur langage n'est pas celui de la conviction, car leurs mécontentemens privés, leurs vues intéressées percent, malgré eux, à travers leurs phrases captieuses, et leurs incessantes déclamations contre tous les actes de l'autorité, et leurs éternelles jérémiades sur le sort des classes laborieuses, et surtout dans leurs perfides insinuations contre le caractère ou les intentions de votre Roi. N'écoutez donc pas ces hommes dangereux, et lorsque vous jouissez d'une liberté civile et religieuse que tous les peuples du monde vous envient, lorsque vous avez, pour garantie de sa durée, une mesure de liberté politique aussi étendue que puissent le comporter vos mœurs actuelles, ne compromettez pas de si grands biens par le désir inquiet d'un mieux indéfini et douteux. Laissez au temps, aux progrès des lumières et à ces mêmes institutions le soin de préparer les générations nouvelles à une plus large mesure de cette liberté si séduisante, mais si dangereuse ; car ces institutions ne ferment pas la voie à des améliorations futures, elles la ferment seulement, et elles doivent la fermer (sans cela elles seraient vicieuses), à l'irruption de la démagogie et partant au retour de la barbarie.

Tels sont, messieurs les Électeurs, les principaux argumens des deux partis, aujourd'hui divisés, qui ont coopéré à la révolution de 1830, et qui ne peuvent, l'un et l'autre, qu'en vouloir les conséquences ; car ils seraient également compromis par une révolution contraire, bien que le parti le plus ardent ne cesse d'accuser l'autre de réticences coupables.

Il est des sujets de division de moindre importance dont je n'ai pas parlé, attendu qu'un rapprochement entre eux serait plus facile ; ils m'auraient d'ailleurs entraîné à faire un gros livre, ouvrage au-dessus de mes forces, et que vous n'auriez pas lu. Mais vous pouvez en déduire (car, ainsi que je l'ai promis, je n'ai point dissimulé vers quel côté je penche) quels sont mes principes politiques, dont voici une déclaration plus explicite.

Je déclare donc

Que je regarde comme un des plus grands malheurs qui pussent arriver à la France une troisième restauration de la branche aînée des Bourbons ; car, indépendamment des proscriptions, des vengeances royales et privées, de tous les maux enfin d'une réaction sanglante, et qu'on voudrait rendre la dernière, sa conséquence inévitable serait la perte, pour plusieurs siècles peut-être, de toutes nos libertés, de toutes les conquêtes, à si haut prix payées depuis quarante ans, de la civilisation sur la barbarie, et le retour au principe du droit divin, c'est-à-dire du despotisme le plus absolu.

Je crois que ce malheur ne peut être amené que par notre désunion, et que pour prévenir cette désunion fatale, dont tous les partis avouent les dangers, tout bon français ne doit avoir qu'un signe de ralliement, le drapeau tricolore dans les mains du Roi notre élu, et qu'un catéchisme politique, la Charte de 1830.

Qu'en conséquence toutes associations, quelque but patriotique qu'elles affectent d'avoir ou même qu'elles aient, qui tendraient à mettre un gouvernement quelconque en regard du seul gouvernement national, à avoir un autre chef que le Roi des Français, d'autre trésor que le trésor public, d'autres réglemens que les lois communes à tous les citoyens, qui soumettraient leurs membres à d'autres subventions qu'aux impôts légalement consentis par les chambres, et à d'autres sermens qu'à ceux qui sont prescrits par les lois, seraient dangereuses, subversives de l'ordre établi, et ne feraient qu'apprêter des armes à nos ennemis communs, les partisans de Charles X.

Que si nous voulons que le gouvernement de Louis-Philippe soit fort, il ne faut pas le chicaner sur l'usage qu'il fait de sa force, quand les lois dont il est le gardien et le suprême exécuteur sont audacieusement et hautement attaquées, méconnues, violées : qu'il faut, au contraire, le renforcer par notre approbation, le rendre confiant en lui-même par le sentiment de la confiance nationale ; car c'est une inconséquence ou une perfidie que de lui reprocher sa faiblesse, en ne cessant de l'entraver dans sa marche, en cherchant à le décourager par une opposition systématique et malveillante, en accablant de sarcasmes, en abreuvant de dégoûts les ministres et les agens secondaires de l'administration, quand ils poursuivent avec courage l'exécution et l'application des lois ; devoir souvent pénible, dont l'accomplissement ne devrait leur valoir, au contraire, que des éloges et des témoignages de la reconnaissance publique.

Je déclare que je regarde tous ces écrivains, qui affectent de parodier les paroles royales, comme des brouillons et des factieux, qui nourrissent et déguisent mal une arrière-pensée, celle de déconsidérer l'élu de la nation, afin de le renverser plus aisément, et plus tard, s'ils parviennent à infecter les esprits de leurs fausses doctrines ; et pour preuve de cette maligne arrière-pensée, je vous prie, messieurs les Electeurs, de remarquer l'identité de langage qui existe sur ce point entre eux et ceux de l'autre parti extrême, les carlistes.

Mais, attendu que les lois ne peuvent pas atteindre les arrière-pensées, ni même les attaques un peu adroites contre ce que les Français ont de plus cher, je crois que c'est au mépris public à faire justice des susdits écrivains de toutes les couleurs, et à se montrer surtout à la grande épreuve des élections.

Je pense que nous devons beaucoup de reconnaissance au gouvernement du roi d'avoir pris le juste milieu, et d'y marcher d'un pas ferme entre les deux partis extrêmes qui agitent le pays, c'est à savoir les républicains unis aux bonapartistes (étrange union !) d'une part, et les carlistes de l'autre; je crois qu'au contraire il mériterait le blâme, s'il se jetait dans les bras de l'un de ces partis pour contenir l'autre; car bientôt dominé par celui-là, il se verrait forcé d'appeler l'autre à son aide, et c'est alors avec plus de raison qu'on pourrait l'accuser de suivre le système de bascule, si justement reproché jadis au stupide et lâche Directoire, accusation dont ses ennemis ne se feraient pas faute, bien qu'elle ne fût de leur part qu'une amère et basse dérision, puisque c'est eux qui le provoquent à entrer dans ce système.

Je déclare que je regarde la liberté de la presse comme une des plus précieuses conquêtes de la révolution, et la plus sûre garantie de toutes les autres libertés, que je suis plein d'estime pour ces écrivains périodiques qui consacrent leur temps et leur plume à éclairer les citoyens sur les intérêts publics, à combattre les abus, et à faire des actes de l'administration une critique de bonne foi, exempte d'acrimonie et d'esprit de parti. Je reconnais que plusieurs d'entre eux, autant par la supériorité de leurs facultés intellectuelles, que par des études longues et laborieuses, et par l'habitude de traiter des affaires publiques, ont acquis le droit de faire quelquefois autorité dans les discussions législatives, et d'exercer même une autorité de confiance sur ceux de leurs concitoyens à qui des occupations d'une autre nature ne permettent pas le même emploi de leur temps, ou à qui enfin la nature plus avare n'a pas accordé au même degré les facultés de l'esprit. Mais je ne leur reconnais nullement le titre que quelques-uns s'arrogent, d'organes et à la fois de régulateurs de l'opinion publique; je leur conteste formellement le droit de former, comme ils disent, une sorte de magistrature ou un quatrième pouvoir dans l'Etat; car tout pouvoir doit être constitué, avoir des attributions déterminées et limitées; toute magistrature doit être conférée par le roi, représentant du peuple, ou directement par le peuple lui-même, suivant les prescriptions des lois; tous magistrats doivent avoir privilège exclusif et spécial pour l'exercice de leurs fonctions, ce qui ne peut s'accorder avec le droit d'écrire, libre et commun à tous. De plus, puisqu'il est admis en principe par notre heureuse constitution, que le gouvernement doit, pour sa direction générale, consulter l'opinion publique, je pense que reconnaître à la presse le droit d'exprimer et de régler cette opinion, serait altérer ou même dénaturer tout à-fait cette constitution, et d'une monarchie en faire une vraie *typocratie*, sorte de gouvernement jusqu'ici inconnu, je crois, dans les annales de tous les peuples, sur lequel, conséquemment, l'expérience ne nous offre aucune leçon, et qui ne serait qu'un essai plein de dangers; car il réunirait à la fois ceux de la licence et ceux de l'arbitraire, les deux plus grands ennemis de la vraie liberté.

J'ajouterai qu'autant ces écrivains judicieux, ces publicistes consciencieux dont j'ai parlé, m'inspirent d'estime et de confiance, autant j'ai de défiance et de mépris pour ces folliculaires quotidiens de toutes les couleurs qui font du patriotisme (mot que chacun d'eux interprète à son gré) *métier et marchandise*; les uns se récriant avec un courroux affecté contre les mesures rigoureuses, quoique dans les limites des lois, que le ministère s'est vu forcé de prendre pour étouffer le germe de la guerre civile dans l'Ouest; les autres n'attaquant pas avec moins d'aigreur les poursuites dirigées, toujours en vertu des lois, contre des hommes qui font, jusque sur les bancs des assises, profession ouverte de haine contre le gouvernement établi; les premiers déclamant contre les persécutions que le gouvernement fait subir aux carlistes et aux prêtres, qui ne sont nullement persécutés, mais protégés par les lois, à l'égal des autres citoyens; les derniers exhalant leur bile sur son ingratitude

à l'égard des vainqueurs de juillet, qu'une loi religieuse-
ment exécutée a largement autant que justement indem-
nisés , récompensés , honorés , ou s'apitoyant sur le sort
des classes laborieuses , qui ne se plaignent que de la stagnation du commerce et de l'industrie, stagnation dont les-
dits folliculaires sont la principale cause , hommes , des deux
côtés , pour la plupart sans foi politique, habiles à plaider
le pour et le contre , à souffler le froid et le chaud , écrivains, non tous sans talent (talent funeste !), qui, forcés
de remplir tous les jours de longues colonnes , et craignant
de n'avoir , sous un gouvernement régulier et stable , à
offrir à leurs abonnés qu'une lecture fade et sans attrait,
se font une tâche d'enflammer les passions populaires , un
jeu de semer la discorde , ne vivent que de scandale , de
malignes personnalités , et ne se plaisent qu'aux boulever-
semens. A ces écrivains des deux factions opposées qui ne
cessent de faire si grand bruit de la souveraineté du peuple
(car, je l'ai dit , dans les deux partis extrêmes le langage est
le même), je dirai : « Oui , le peuple est souverain : mais
ce peuple c'est toute la nation française et non une petite
fraction du peuple de Paris (y eût-il dans ses rangs quelques
vainqueurs de juillet); or ce peuple , en immense majorité,
s'est prononcé. Il veut la Charte pour laquelle il s'est battu,
et le Roi de son choix : il veut que ce Roi soit respecté,
honoré autant qu'il est aimé; il est fatigué de vos plates et
basses caricatures , de vos pesans *lazzis*; il est indigné de
vos indécentes et extravagantes orgies , de vos chants sau-
vages , de vos danses prétendues patriotiques autour de
l'image du plus impérieux despote des temps modernes.
Dans vos ridicules et superstitieuses apothéoses , loin de voir
les progrès de la civilisation , il ne voit qu'un immense pas
rétrograde vers la barbarie; dans vos hommages hypocrites
à la mémoire de ce grand homme , dans votre enthousiasme
affecté pour la supériorité de son génie , pour la vigueur de
son gouvernement , ce peuple ne voit qu'une basse et ma-

ligne intention de déconsidérer son Roi , roi qui a son génie aussi, mais un génie que vous ne pouvez souffrir, le génie de la paix , de l'ordre et de la liberté. Oh ! s'il revenait un moment au monde et au pouvoir, cet homme votre idole , ce ne serait que pour vous faire taire, pour briser vos presses, pour fermer vos repaires , pour vous replonger dans la boue, et peut-être est-ce nous qui devrions désirer son retour !.... Mais non , car il ne savait pas, lui, s'arrêter dans un juste milieu, et il ne châtierait pas les factieux, il ne réprimerait pas la licence , sans envelopper dans leur ruine et les vrais amis de la patrie , et nos institutions, et toutes nos libertés.

Messieurs les Électeurs, j'ose donc vous inviter à ne lire les journaux qu'avec indépendance d'esprit et à vous défier de toutes les billevesées dont quelques-uns cherchent à vous éblouir sur une liberté politique indéfinie, incompatible avec tout ordre social , et sur une égalité absolue qui n'est pas , et qui ne peut entrer dans les mœurs d'un peuple immense, disséminé sur un vaste territoire, industrieux, civilisé , et partant habitué aux douceurs de la civilisation et, fait à l'inégalité des conditions , qui n'est que la suite de l'inévitable inégalité des fortunes et des talens acquis ou naturels.

Je déclare donc, quelque respect que j'aie pour la liberté de la presse , que je ne reconnais nullement les écrivains périodiques ou autres pour les organes , et bien moins encore pour les régulateurs de l'opinion publique ; que, pour moi , les seuls organes de cette opinion sont les députés par vous élus , et les régulateurs, personne , si ce n'est le temps , les progrès des lumières et les intérêts nationaux.

De tout ce qui précède, messieurs les Électeurs , vous pouvez préjuger quelle sera ma place à la chambre, si vous daignez m'y porter. Je me résume donc, et je le dis sans détour, elle sera parmi ceux de mes collègues , de quelque côté qu'ils siègent, que je trouverai disposés , comme moi, à toutes les luttes , à tous les sacrifices , s'il le faut, nécessaires pour affermir le trône constitutionnel héréditaire de Louis-Philippe et la Charte de 1830. Je soutiendrai donc, je provoquerai même au besoin les mesures nécessaires pour faire taire et pour punir les factieux de toutes les couleurs qui osent donner à cette Charte le nom de *Charte provisoire* ou de *Charte des deux cent dix-neuf,* laissant assez entendre que la dynastie de Louis-Philippe n'est pas moins provisoire sur le trône, et se mettant ainsi en révolte ouverte contre la volonté souveraine et solennellement exprimée de la nation.

A l'égard des lois ordinaires, sans prendre, certes, l'engagement de voter aveuglément avec le ministère, je le soutiendrai tant que je le verrai suivre la ligne droite du milieu, c'est-à-dire faire exécuter les lois avec vigueur et impartialité, ainsi qu'il le fait aujourd'hui. Que si je le vois s'en écarter, je lui ferai une opposition raisonnée et sans passion ; car je tiens que toute opposition systématique, tout parti pris de n'être jamais content, ne peut se justifier que par la nécessité de renverser un ministère tel qu'était, par exemple, le ministère Polignac, dont les actes laisseraient percer le dessein de détruire la constitution de l'État ; mais, hors ce cas malheureux, je crois que c'est fort mal servir son pays et fort mal remplir son devoir de loyal député que de contrarier en tout le gouvernement, et de ne cesser de jeter des entraves dans les roues du char, quand il suit la droite voie.

Mais il est une dernière question, question immense, et la seule sur laquelle il me reste à m'expliquer où j'aurai une place fixe et déterminée à l'avance, c'est celle des finances. Ici, Messieurs, si, à l'extrémité de l'extrémité gauche, quelqu'un de mes honorables collègues ne peut pas me céder un coin de son banc, je me tiendrai debout dans le couloir. De là, je tonnerai de toute la puissance de ma logique et de mes poumons contre les sinécures, et les gros traitemens, et les cumuls non justifiés par le manque de capacités pour certaines fonctions qui exigent un talent supérieur ou de longues études spéciales, contre les pensions arrachées par l'obsession ou accordées par la faveur, en un mot, contre tous les abus que la faiblesse ou l'incurie des ministres a laissés ou pourrait encore laisser introduire dans la gestion de la fortune publique. Ayant reconnu que, depuis quarante ans, par je ne sais quelle fatalité, et sous tous les régimes qu'elle a subis, la France se trouve divisée en nation payante et nation payée, et ma destinée m'ayant placé dans la première, dont je ne veux pas sortir, je ferai à l'autre une guerre ouverte, animée, incessante; mon opposition sera systématique : je serai, en un mot, non-seulement économe, mais avare jusqu'à la lésine des deniers publics.

Ici cependant j'ai une exception à faire; c'est au sujet de la liste civile pour laquelle je renoncerai à ma lésine : et comme toute exception pourra vous paraître étrange, d'après les principes que je viens d'émettre, je vais essayer de justifier celle-ci, et c'est par là que je finirai.

J'ai considéré qu'autant dans un État despotique il importe au bonheur des sujets que le maître soit pauvre, afin qu'il ait moins de moyens d'oppression, autant le chef d'une nation libre doit être riche, afin de pouvoir faire respecter son autorité au dehors et la faire aimer au dedans.

J'ai reconnu que, par un malheur inhérent à l'état social et sans remède, les fortunes ne peuvent qu'être inégalement réparties, et que cependant, pour l'existence même de la société, les propriétés ne sauraient être trop assurées par les lois; que conséquemment tout ce qui tend à diminuer un peu cette inégalité et à la faire supporter au pauvre avec plus de résignation est dans l'intérêt de la société ; que tous les établissemens de bienfaisance, de charité, d'instruction élémentaire, etc., ont ce noble but; et que les besoins de ces établissemens étant subordonnés à des circonstances, à des événemens que toute la sagesse humaine ne saurait prévoir, et partant aucune loi prévenir, il faut qu'une main riche et toujours prête à s'ouvrir puisse y subvenir, suivant l'occurrence.

Que dans les grands désastres imprévus et malheureusement aussi fréquens qu'inévitables, les incendies, inondations et autres fléaux, aussi bien que pour les grands actes extra-légaux de libéralité nationale, alors que des souscriptions sont ouvertes, il est bon que le nom du monarque et des princes de sa famille puisse paraître à la tête des listes de souscription, et d'une manière royale, afin d'exciter une noble émulation parmi les citoyens, et donner un généreux élan à la bienfaisance publique.

Que les beaux-arts, aussi bien que les arts utiles, ont besoin d'être encouragés et d'avoir un puissant, c'est-à-dire un riche protecteur.

Que toutes les grandes entreprises qu'un sage système d'économie politique confie à des compagnies particulières, telles qu'ouvertures ou confections de canaux, de chemins de fer, desséchemens, exploitations de mines, constructions de ponts ou autres monumens, ne sauraient être aussi trop encouragées, et que ce serait un puissant encouragement pour les entrepreneurs que de compter leur roi dans le nombre des actionnaires.

Que les pensions, pour services rendus à l'État, ne pouvant être fixées par les lois qu'à des taux généraux, limités et égaux pour tous, et que néanmoins les titulaires ne jouissant pas tous de la même fortune privée, il est bon que le prince puisse quelquefois suppléer à la sage parcimonie des réglemens, en faveur de ceux que de nombreuses familles ou d'autres causes recommandent plus particulièrement à sa munificence.

J'ai considéré que dans une monarchie constitutionnelle, c'est-à-dire où l'autorité du souverain rencontre partout la limite des lois, il est nécessaire qu'il puisse quelquefois suivre les impulsions de son cœur, et que ses intentions bienfaisantes trouvent une limite plus large; que s'il ne peut qu'y avoir un peu d'arbitraire dans la distribution de ses bienfaits, dans ce cas, ainsi que dans l'usage qu'il fait du droit de commutation des peines, cet arbitraire est justifié et ennobli par l'usage même, et ne peut dégénérer en abus dangereux pour la liberté ; qu'au contraire il ne peut qu'en rejaillir sur la couronne un éclat propre à l'affermir, en l'entourant de l'amour des peuples, et par suite à rendre plus doux à ces peuples le joug des lois, seules gardiennes de leur liberté, lois auxquelles ils voient leur roi soumis comme eux.

Et répondant enfin aux objections qu'on peut me faire et que je pressens, je dirai que puisque la liste civile ne se vote que pour toute la durée d'un règne, quand on a, comme nous, le bonheur d'avoir un prince dont tous les antécédens attestent la sage économie, la judicieuse bienfaisance, le goût éclairé pour les arts, l'inclination à protéger les grandes et utiles entreprises, un prince arrivé à un âge où le caractère, les inclinations et les principes ne changent plus, un prince sous lequel nous avons la certitude de ne plus voir la cassette royale en proie à des nuées de favoris ou de favorites, de chambellans ou de gentilshommes de la chambre ordinaires ou extraordinaires, de grands ou petits veneurs, d'écuyers ou de chevaliers, ou de dames d'honneur ou d'atours, et que sais-je? à toutes les sang-sues royales ou impériales, il est de la dignité d'une nation grande, riche, généreuse de lui prouver, par une noble confiance, son amour, sa reconnaissance et son respect.

Tels sont, messieurs les Électeurs, mes principes et mes sentimens politiques. Si vous jugez qu'ils soient des titres à vos suffrages, daignez me les accorder, sinon, non.

C. R.

P. S. Après avoir écrit la présente déclaration et au moment de la signer, je me suis avisé, trop tard, hélas!

de m'assurer si j'étais éligible. Jugez, messieurs les Électeurs, de mon extrême douleur, quand j'ai découvert que je ne payais pas le cens requis, et de la confusion non moins grande que j'éprouve à vous en faire l'aveu.

Devant donc renoncer à un titre qui était l'objet de ma plus ardente ambition, je ne puis que vous inviter à élire un député qui pense comme moi, et ne pouvant rien faire pour moi, vous ferez bien pour vous, et pour la patrie.

NOTES.

—

Note A.

Est-il besoin d'établir ici une comparaison entre ce prince, non-seulement étranger à la France par sa mère, mais de la maison souveraine, de toute l'Europe, le plus ennemie de tout système de liberté, ce prince entouré à son berceau de toutes les pompes impériales, et mis plus tard dans les mains des jésuites et des *doctrinaires* de Metternich, entre ce fils de l'homme en un mot qui, si nos apothéoses de son père parviennent jusqu'à lui, doit être tenté de se croire en effet le fils d'un dieu, et ces enfans de notre roi élevés dans nos collèges à côté et à l'égal des nôtres, ne recevant sur leurs bancs, aussi bien qu'autour du foyer paternel, que des exemples de simplicité et de modestie, que des leçons de respect pour les droits des peuples, d'amour de la patrie, d'attachement à ses institutions, toutes les leçons en un mot qui font les vrais citoyens et qui préparent les bons rois?

Note B.

On peut m'objecter que j'avance trop en disant que notre première révolution a été exempte de guerres civiles, que, dès 1790, les bagarres de Nîmes et de Montauban, plus tard l'insurrection de Lyon et d'une partie du midi, dite du *fédéralisme*, dont je fais mention moi-même, et enfin les cruelles et sanglantes guerres de la Vendée ont été de vraies guerres civiles, ce qui ne peut se nier; mais il me semble qu'il a toujours manqué à ces tentatives, plus ou moins avancées, le caractère principal de ces longues guerres intestines, dont l'histoire romaine et l'histoire anglaise et la nôtre offrent des exemples, je veux dire un chef dans chaque camp, opposant drapeau à drapeau, gouvernement à gouvernement et pour ainsi dire nation à nation, avec des succès alternatifs et longuement disputés. Oh! si, lors de cette première bagarre de Nîmes, suscitée par le nommé *Froment*, et par lui rappelée plus tard à son maître avec une si atroce ingénuité et de si étranges reproches d'ingratitude, si ce maître, alors Charles, comte d'Artois, eût quitté son repos et sa sécurité de Turin, pour venir se mettre à la tête des bandes fanatiques qu'il soudoyait de loin; ou si plus tard, sur les côtes de la Vendée, il ne fut pas resté à son bord, spectateur tremblant du massacre des siens; si en un mot, quelqu'un des princes de cette race dégénérée eût été un Sylla ou un Guise, alors peut-être nous aurions eu à subir une de ces longues et sanglantes guerres qui dévastent et dépeuplent les empires, qui peuvent finir par les démembrer, et dont, ainsi que je le dis, on ne peut nier que le régime de sang n'ait plusieurs fois étouffé les germes. Or aujourd'hui quel est le Français qui voudrait voir son pays retomber dans la nécessité de recourir à un remède pareil? Ceux même qui poussent le plus au système qui pourrait ramener cette nécessité, sont les plus ardens à se défendre de cette imputation; mais qui de nous ne voit dans leurs rangs plus d'un Sylla ou, si l'on veut, plus d'un Marius?

FIN.

IMPRIMERIE DE H. FOURNIER,
RUE DE SEINE N° 14.